OH MY MY

POETRY INSPIRED BY INDIAN TV'S FAVOURITE SITCOM POET (?)

VAIBHAV SURANA

Made with ♥ on the Notion Press Platform
www.notionpress.com

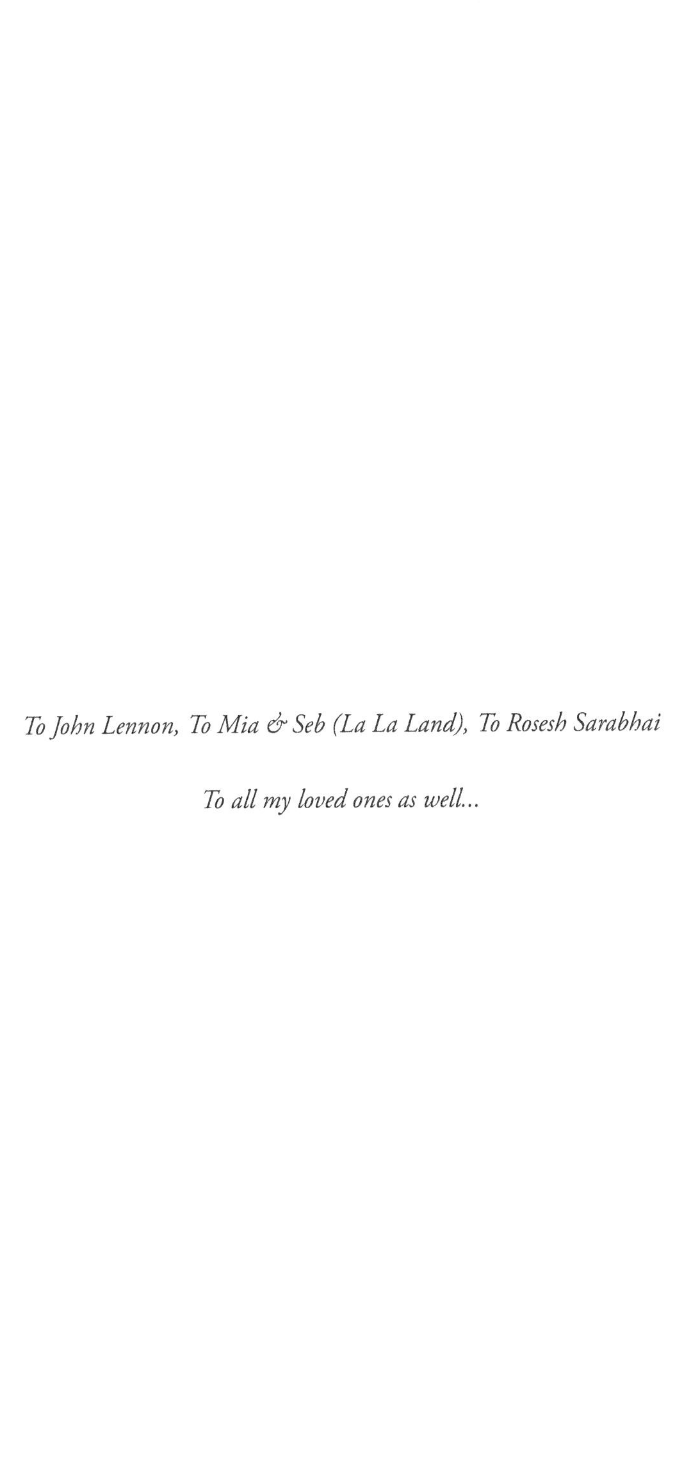

To John Lennon, To Mia & Seb (La La Land), To Rosesh Sarabhai

To all my loved ones as well...

Contents

Acknowledgements

INSPIRATION

I extend my heartfelt gratitude to the original creators of the wonderful show *Sarabhai vs Sarabhai*, for making our childhood awesome—*Aatish Kapadia, JD Majethia,* and *Deven Bhojani.*

Special thanks to *Rajesh Kumar* for his brilliant portrayal of the character Rosesh Sarabhai, which has become quite iconic, to say the least.

P.S. Thanks to my local barber too, for letting me shoot photos of his customer's heads while iterating for the front cover.

Disclaimer

The characters, situations, and settings referred to in these poems are purely fictional and are products of the author's imagination. Any resemblance to actual persons, living or dead, or to actual events or to works owned by anyone, is purely coincidental.

This work may be inspired by a popular character from an Indian sitcom TV show. The poems are written from the perspective of another newly imagined character, whose personality though independent and distinct, may seem to be similar to that of the aforesaid popular character in some manner or the other as understood and perceived by the author, expressed entirely in the author's original words. The content of this book is intended as a creative review and commentary on the imaginary life of the said newly imagined character. The thoughts expressed herein are not necessarily the opinions held by the author in real life.

This work is not endorsed by, affiliated with, or associated with the original creators, producers, or rights holders of the said show. All trademarks, service marks, and copyrights related to the said show and its characters are the property of their respective owners.

1. Love Affair With Broccoli

Broccoli, oh broccoli, tu kitni acchi,
Har dinner mein aati, bin bulaye mehman ki tarah sacchi.

.

Hari hari florets, jaise alien ki antennas,
Steamed, peppered aur parmesan cheese daal ke dena.

.

Mom to kehti, "Broccoli is healthy, beta,"
But Daddy asks, "Is Broccoli ko kaise niglu mai senorita?!"

.

Roasted, steamed, ya stir-fried dance,
Har bite mein health aur taste with nonchalance.

.

Lehron si leherati in the salad bowl,
Oh Broccoli, tune mere dil ka darwaza diya hai khol.

.

Toh aaj se promise, no more neglect,
Broccoli teri har green floret ko massive respect.

2. Sunscreen, Skin Ka Sipahi

Salute hai ae sunscreen, tu hai meri skin ka true guardian,
Without you, mera chehra hota like an old Arabian.

.

Slather karo, dab-dab, har subah, jaise koi ritual,
Neglect karo toh aa jayengi jhurriyan, not a cool visual.

.

Tu nahi hai just a cream, tu hai ek protective shield,
UVA, UVB se fight karke, mere charm ko rakhe forever sealed.

.

Oh dear sunscreen, without you I'll be toast,
But with you, main hu beach ready, well almost.

.

Sunburn, suntan, tu sabko rakhe at bay,
Mere vacation pics ko aisa bana de jo always slay.

.

Border pe sipahi, chamdi pe sunscreen, roz rahe to notice na aye
Agar gayab ho jaye to duniya ki koi takat apko bacha na paye.

3. Ek Anchahi Aulad Ki Vyatha

.

Main sochu, main hu kaun? Kyun aaya is jahaan mein?
Kya sirf ek bhool hoon, ya kuch aur bhi hoon inke armaan
mein?

.

Jab birthday aaye, sab pooche, "What's up, anything special?"
Main muskura doon, par dil mera bole, "Kuch nahi, sab as
usual."

.

Party mein sab khush, lekin main sochun bahut deep,
"Kya main unwanted hoon?" aur phir khud se hi karoon creep.

.

Kya karu, unwanted par unique piece hoon main,
Par blessed bhi hu, ki arrival se pehle nahi kheecha kisi ne train
ki chain!

4. Monologue of The Misunderstood Mosquito

Main hoon ek chhoti si, akeli abla mosquito,
Log samjhe mujhe villain, par hoon main bhi majboor yu toh.

.

Din raat meri bas ek boond khoon ki talash,
Nahi karna chahti kisi ko pareshan, yahi meri aas.

.

Kyon bhaagte ho mujhse, kya hu main itni buri?
Bas 2 joon bites ki quota karni hai mujhe poori.

.

Zara samjho toh sahi, meri sad but true katha,
God ne mujhe aisa banaya, isme mai kya karu bhala?

.

Log kehte, "Mosquito se bacho, isse hain dangers zabardast!"
Lekin wahi log kabhi iss deewar to kabhi uss hatheli pe kar dete
hain mujhe crush.

.

Agar samjho mera dard, toh shayad thodi daya aa jaye,
Aur kya pata, mere kaatne pe bhi aap muskura paaye.

5. Hichki Ke Bhes Mei Jab Aayi Ulti

Pet mein kuch uljhan kabhi raat jagati to kabhi subah satati,
Hik-hik, hik-hik, suno, kya ye ghatna fir mere sath ghat jati.
.

Kal raat se hi non-stop hiccups ki lag gayi thi ladi,
Hik-hik, hik-hik karti, aayi phir ek unpleasant si jhadi,
.

Barad-barad, barad-barad, stomach ne di ajeeb si awaaz,
Fir kuch pal ke liye gale se sound aayi jaise fata hua koi saaz.
.

Hichki ke bhes mein jab aayi ye sinister ulti,
Ghabrahat ke roller-coaster pe jaise lag gayi beshumar gulati.
.

Oh mere stomach, thodi daya kar, don't be a trickster,
Hichki aur ulti ka double role, won't make my life a blockbuster!

6. Telegram Ki Obituary

Aj hum tujhe yad karte, Telegram tune kitna kuch dekha,
Fast messages bheje, chahe from megha, sulekha ya rekha.

.

Fast tha tu, reliable bhi, har khabar teri beeps thi pahucha deti,
Lekin badhti technology ne tujhe bhi daal diya, in raddi ki peti.

.

Tick tick karte, kam shabdo mei aa jata tha with speed,
Har khabar ki pukaar, tu turant pahucha deta tha indeed.

.

Phir aaya ye mobile aur internet ka zamana,
Tujhe dekh kar fir shayad laga, "Ab isse kya karwana?"

.

Oh telegram, ek zamanay mein tu raha tha star,
But fir government ne kaha, "It's time, ab tu ho ja farar."

.

2013 mein aakhri jhatka, euthanised softly,
Rest in peace, pyaare telegram, you served most loftily.

7. My Special Pillow

Oh meri pillow, meri raato ki rani,
Tere saath bitayi, kitni suhani yeh jawani.

.

Fluffy tu, fluffy teri baatein,
Sote waqt tu hi meri saathi, beeti saare raatein.

.

Kisi trip pe jab ek parayi pillow pe rakha apna face,
Tab pata chala ki tu toh hai meri feelings ka home-base.

.

Tu sunti hai meri dabi hui cheekhein, muffled by your softness,
Mere dreams ke jahaaz ki, tu hi toh hai landing address.

.

Toh lo, aaj phir se kehta hoon, tujhse wohi puraani baat,
Mere sir ki rani, tu bani rahe forever mere saath.

.

Tu hogi just ek pillow, par meri comfort ke liye hai bahut hi
zaroori,
Kyunki tere bina honestly, meri neendein reh jaati hain
ghanghor adhoori,

8. Toothpaste Ki Aakhiri Boondein

Arre o toothpaste ki tube, tu kyun mujhe sataye,
Late night mein yeh kaisi hygiene ki samasya tu laaye.

.

Doosro ki tube se paste lena, jaise pani from a jootha glass,
To kar du zor se isi tube ko squeeze? But lag jayegi meri class!

.

"Oh beta, squeezing the tube is so downmarket!"
But Mom, without brushing, my mouth stinks like a smelly
closet!

.

To squeeze ya not to squeeze, yeh hai ab meri fight,
Adhi raat ko, aakhir there's no open shop in sight.

.

Kya ho jau mai bhi downmarket? Ya bear karu ye icky feel?
Yeh dilemma hai bada tough, not an easy deal!

.

Mil jaye kuch boond manjan, aaj ki raat ka mera quest,
Oh tube, tere last few drops, bane mere life ka dire test!

9. Lonely Left Sock

Kyu lonely tu left sock, kaise tut gayi ye jodi?
Mere drawer mein is baar, tu akeli kyun khadi?

.

Ek jodi ke do hisse, jaise ek jaan aur do dil,
Ek ko laundry mein kho diya, yeh kya meri qismat ka bill?

.

Mom kehti, "Find a new pair beta, it's just a sock!"
Par mera dil to kehta, "Is sock ki story, hai ek emotional block."

.

Tu aur teri partner, were oh so nice,
Ab bas tu hai left, jaise cold-drink without ice.

.

Intezar hai ab har baar laundry karte waqt,
Kahi mil jaye teri jodidar, chahe soft ho ya sakht.

.

Ab chahe ho jaye meri neend hi kyu na gumshuda,
Finding your match, is now my life's biggest mudda.

10. Kaani Kutiya Ka Struggle

Aye Kaani Kutiya, teri aankhon ka ye fasana,
Ek taraf toofan, to doosri taraf khazana.

.

Galiyon ki tu rani, har koocha tera mahal,
Ek aankh se dekh ke bhi zindagi jeene ki undying pehel.

.

Har thokar mein ek sad geet, fir bhi har sadak par kadam-taal,
Tera jeevan hai sangharsh, par tu hai khud mein ek misaal.

.

Log kehte 'pity', par tu hai master of your own beats,
Har struggle ko tackle karti, with your four nimble, swift feet.

.

Toh yeh poem tere naam, oh one-eyed wonder,
Tu nahi hai sirf survivor, tu hai hope ka bawandar!

11. Pyaasa Houseplant

Oh pyaase houseplant, tere patte hai dry and flaky,
Gifted by someone dear, par garmi se hui teri halat shaky.

.

Paani doon kitna bhi, tu rehta hai thirst ka barrel,
Sun's wrath unforgiving, tujhe chhoo gaya summer ka peril.

.

Har din teri or mein dekhoon, hoping for some green,
Par tu phir bhi murjhaya, sookha, sad and lean.

.

"Why this cruelty surya dev?" puchhoon main sunny sky,
"Har summer aate hain, just to make you dry?"

.

Gift hai tu precious, from someone very nice,
Par tera struggle, now inviting everyone's advice.

.

Tap-tap, tap-tap karta hamara bhi paseene se torture,
Kya pila du collect karke tujhe, accept kar mere love ka overture!

12. Sanitizer Stash

Haye sanitizer stash, tum ho ghar ki new highlight,
Pandemic ke baad bhi, tumhari range hai quite a sight.

.

Pich-pich, puch-puch karti teri bottles yu serenade,
Guests ko hum poochte, "Mint, floral ya alcohol wali
homemade?"

.

Lounge mein sanitizer, kitchen mein bhi stand,
Mom even says, "Choose your aroma," waving her hand.

.

Dining ke table pe, alongside forks and knife,
Sanitizer ki bottle, it's the new habit of life!

.

Sanitizers ka ambaar, jaise koi mast scented fair,
Even in the bathroom, you'll find them there!

.

Choosing a sanitizer, like selecting wine ya vodka,
A simple squirt works wonders jaise voodoo ka koi achook totka!

13. Mere Canines

Ye mere canines, Dad bole jaise koi daanav ya dracula,
Sharp and shiny in the mirror, dekhu jab apna muh mai khula.

.

Lekin kahani ek aur bhi hai, with a canine twist,
Mere girlfriend ke dogs, oh they too exist!

.

Purebred pride, but maintenance hai bahut high,
Inki grooming dekhein, kabhi nehlayein to kabhi karein dry.

.

Chahe teeth ya terriers, dono ka alag hai kuch drama,
Ek chabaye slippers, to dusra chabaye har type ka khana.

.

Kyu aise canines mere, kya kiye hain koi paap?
But ek baat same, chahiye regular checkup to keep them clean
and sharp!

.

Toh yeh hai kahani, mere canines ki,
Ek taraf love bite, to doosri taraf pedigree.

14. Toote Taare Ki Talaash

Twinkle twinkle little star, breakup kyu hua mera aaj?
Raaton raat ki neend gayi, kho gaya jaise koi sir ka taaj.

Up above the world so high, like a diamond in the sky,
Lekin mera taare ka tukda, kyun hua mujhse itna shy?

Jab bhi dekho aasmaan ko, lagta jaise empty shopping cart,
Har taara shining bright, par mera kahi akela, oh mere dukhte heart!

Twinkle twinkle little star, pending reh gayi dimaond ki angoothi,
Tere bin yeh raat adhoori, please aaja, mujhse kyu hai roothi?

15. Banarasi Paan Ka Pain

Oh Banarasi paan, tere taste mein tha wo dum,
Chewed like Amitabh, the Angry Young Man's hum.

.

Mom had warned, "Yeh toh hai bahut hi downmarket!"
But the thrill of paan, made me feel like a star, oh so perfect.

.

Took a bite, felt the spice, sapne mei tha Bollywood ka glam,
Until crunch went to my tooth, and reality hit, wham, shabam!

.

Now it's zor ka pain, in my jaw, I was probably insane,
Banarasi paan, you're fun but you're also a tough game!

.

Mom was right, should have listened, but no,
Wanted to be a hero, now paying dearly, oh hell bro!

16. My Acting Career

Oh my acting career, kya kahoon, it's so bizarre,
Har role mein strive karta, par star banna remains so afar.

.

Local stage par hero, par Bollywood toh just ek khwaab,
Auditions mein jaata, par response kabhi blank to kabhi
kharab.

.

Bhai to bole, "Acting chhod do, it's not for you!",
Par dil kehta, "Ek din toh banunga hero, chahe jo bhi ho
review."

.

Hamlet se leke doodhwala, sab roles kiye maine try,
Par end mein, only in nukkad nataks, I make people cry.

.

Lo aaj mai kehta hu, dreaming of lights and camera action,
But bro's advice still echoes, questioning my passion.

.

Shayad mera acting career ban ke reh gaya ek tragicomedy play,
Jahan taaliyan mom hi bajati, aur mein leta curtain call, every
single day!

17. Ghisi Hui Chappal Ki Gumnami

Sun meri ghisi hui chappal, tu witness hai mere safar ka,
Ghumte ghamte na jaane kitni galiyon ka tujh par asar tha.

.

Har kadam pe tu saath thi, jab bhi maine kadam badhaya,
Lekin teri kahani ko kisne kabhi sunaya, oh mere saaya?

.

Aandolan with cocktails se leke mom ki shopping spree,
Tu ghisti rahi, par mere tasks ke liye tu always ready thee.

.

Ab tu corner me padi, forgotten and alone,
Ghisi hui chappal ki ye gumnami, without any moan.

.

Iss chappal ki kahaani, hai ek unsung but zaruri song,
Ek time tha jab isne kiya tha har road ko conquer strong.

.

Ab bas yaad karti hai, in the shoe rack's andheri gloom,
Ghisi hui chappal waits, for its trip to the dumpster very soon.

18. Chaandi Ka Chammach

Raja baba jaisi life mili, with the metaphorical silver spoon,
Sab kehte, "With this, you were born under a lucky full moon!"

.

Lekin is chammach ki chamak mein, hidden hai ek twist,
Har tabke ka khana, yeh kaise aur kab tak kare resist?'

.

Waise to Chandu ke chacha ne chaandi ke chammach se,
Chandni raat mein chutney chatayi, kitni aasani se!

.

Par mere liye, yeh chammach laaya bas aaramdayak numbness,
Kyunki isse har niwala, reminds of high society ki excessiveness.

.

Is chamchamate lekin off-limits bazaar mein, my spoon shines,
Har kadam ek reminder, of lineage, etiquette and fine wines.

.

Toh yeh hai mera confession, in a funny tone,
Kaash mil jaye kabhi mujhe saade laddu aur paapdi soan.

19. O For Onomatopoeia

O se Onomatopoeia, wah kya cheez hai!
.

Jaise "gadgadana" jab ghanghor badra se pani beh jaye,
Ya "kee-kee" jab darwaze se koi raat mein achanak se aaye.
.

Har "phusphusana," har khusur phusur, na koi logic ka
thikana,
Jaise chupke se batiyana, bina kisi behes, bas leke ek afsana.
.

"Jhilmil" sitaron ki roshni mein, kya "jagmaga" hai ye jahaan,
"Khatpat" ka instant invitation, jab koi samajh le khu ko bahut
mahaan.
.

"Thakthak" suno toh koi mehmaan, ya kya pata bas hawa ka
khel,
Agadam bagdam ya tigadh-dhum tigadh-dhum, har sound ka
unique hai mel.
.

Onomatopoeia, tu kavitaon ka taj aur baki words mahal,
Bas khat khat khataak type karte karte man jata hai fully behel!

20. No Monopoly Only Ludo

Ludo mere desh ki shaan, tu kitna sundar aur saral samaan,
Monopoly se to mera man ab ho gaya hai tamtam pareshan,

.

Kyun khelein capitalist khel, jab apno me hai itna pyaar?
Ludo se juda har rang, har dhang, har ghar, har baar.

.

Monopoly tu hai nihayati cruel, compulsively nirdayi khel,
Build karta hai dreams, but breaks them just as well.

.

Aaj se mera pehla kadam to make socialism ever grand,
Ludo! Jisme hai love, luck, and everyone has a chance to stand.

.

Chaar rang, chaar goti, sab equal, so no one feels alone,
Bina kisi property ka jhagda, sirf dice ka skill karna hai hone.

.

So cheer for Ludo, desi chosar mei jiska origin is thought,
Isse pehle koi videshi company gets other such games also bought.

.

21. Sadta Hua Santra

Sadte hue santre, kyun tu dikhta itna udaas?
Tera rang hai toh bright, par lagta hai tu thoda out of class.

.

Har din kitchen counter pe, tu bas dekhta rehta,
Jab bhi koi guzarta, tujhe dekh kar bhi andekha kar deta.

.

Teri kismat mein tha shayad, cold-pressed juice ban jaana,
Par ludhak gaya uss waqt kisi kone mei, ab kya afsos jatana.

.

Santra ho ya insaan, sabko chahiye thodi si waah-waahi,
Par jab na mile dhyan, toh har pal lagta hai bhaari-bhaari.

.

Dear sadte hue santre, tere se ye wholesome seekh ab maine li,
Kisi ke kaam aana seekh lena, before world gives you up slowly,
slowly.

Thank You!

www.ingramcontent.com/pod-product-compliance
Lightning Source LLC
Chambersburg PA
CBHW040117150726
48005CB00013B/1758